6, place Saint-Sulpice, 75006 Paris – ISBN : 2.221.05150-5

Photogravure : ERNIO – Imprimé par MAURY-IMP. S.A.
et relié par ANDRÉ BRUN à Malesherbes
N° d'éditeur : 5898 – N° d'imprimeur : D86/18482
Dépôt légal : mai 1986

L'aventure de l'équipe **COUSTEAU** *en bandes dessinées*

Le galion englouti

Sérafini - Paccalet

Mise en couleur . CHAGNAUD – Lettrage . Lætitia CAMBIER

ROBERT LAFFONT

* ASTROLABE : APPAREIL EN FORME DE CADRAN GRADUÉ, QUI PERMETTAIT DE CALCULER LA HAUTEUR DU SOLEIL SUR L'HORIZON, DONC LA LATITUDE.

LES EMBARDÉES DU GALION CONTRAIGNENT L'AMIRAL - QUI Y RÉPUGNE POURTANT - À MONTER SUR LE PONT.
PAR LE CIEL !... FAITES UN PEU ATTENTION !... LE BATEAU ROULE COMME UNE BARRIQUE, ET VOUS AVEZ TOUT RENVERSÉ CHEZ MOI !
EXCUSEZ-NOUS, VOTRE EXCELLENCE, MAIS NOUS N'Y POUVONS RIEN ! LE TIMON S'EST ROMPU. NOUS SOMMES AU TRAVERS DE LA LAME ...
MAUDITS CHARPENTIERS DE LA HAVANE : INCAPABLES DE CLOUER DEUX MORCEAUX DE BOIS !... MAUDIT BATEAU !... MAUDITE TEMPÊTE ! ... MAUDIT VOYAGE ! ...
SOUDAIN, DANS LE NID DE PIE, LA VIGIE POUSSE UN CRI QUI GLACE LE COEUR DES PLUS COURAGEUX...
ABROJOS !... RÉCIFS ! RÉCIFS DROIT DEVANT !... ALERTE ! ALERTE !
A QUELQUES ENCABLURES DE LA PROUE DU GALION, LA MER COUVERTE D'UNE SINISTRE ÉCUME BLANCHE SEMBLE BOUILLIR... LE GRONDEMENT DES LAMES QUI DÉFERLENT SUR LES BRISANTS SE MÊLE AUX ULULEMENTS DU VENT...
ABATTEZ !... ABATTEZ VITE !... NOUS PIQUONS DROIT DESSUS !... MADRE DE DIOS !
SANTA MARIA !... SAINT SÉPULCRE ! SAINT NOM DU CHRIST ! ESTAMOS PERDIDOS ! NOUS SOMMES PERDUS !... PERDUS !

TANDIS QUE L'AMIRAL IMPLORE LE CIEL, LE CAPITAINE TENTE DE REPRENDRE LA SITUATION EN MAIN...
AMENEZ LES VOILES! TOUS LES HOMMES DANS LA MÂTURE, VITE! ET BRASSEZ LA TOILE, SI VOUS VOULEZ REVOIR L'ESPAGNE!... DIEU SOIT AVEC NOUS!
LA PEUR AU VENTRE, LES HOMMES D'ÉQUIPAGE ESCALADENT LES HAUBANS QUE LE VENT FURIEUX FAIT SIFFLER COMME DES CORDES DE VIOLON. LES VOILES SONT LOURDES, RAIDIES PAR LES EMBRUNS.
MAIS AVANT QUE LES MARINS AIENT LE TEMPS DE RÉDUIRE LA TOILE, UNE FORMIDABLE RAFALE ÉBRANLE LE VAISSEAU ET BRISE NET LE GRAND MÂT, PRÉCIPITANT PLUSIEURS HOMMES À LA MER.
LE GRAND MÂT! LE GRAND MÂT TOMBE! GARE À VOUS!...
A BORD, LA PANIQUE SAISIT LES PASSAGERS. COLONS, SOLDATS ET MOINES COURENT EN TOUS SENS, SE BOUSCULENT, SE PIÉTINENT...
A MOI, PADRE: JE SUIS EN ÉTAT DE PÉCHÉ MORTEL!
MON PÈRE!... MON PÈRE! CONFESSEZ-MOI, PARCE QUE J'AI PÉCHÉ...
TOI, FILE À L'AVANT: IL FAUT DU MONDE POUR LARGUER NOS ANCRES!... ALLEZ, COURS, OU JE T'ÉCRABOUILLE!

C'EST LA MANOEUVRE DE LA DERNIÈRE CHANCE ...
ANCRES MOUILLÉES, CAPITAINE !... MAIS NOUS AVONS PLUSIEURS HOMMES À LA MER !
DIEU AIT LEUR ÂME !... ET QU'IL FASSE TENIR NOS ANCRES !
EH BIEN ! CAPITAINE ! ALLEZ-VOUS NOUS EN SORTIR ?
SI DIEU VEUT, AMIRAL, SI DIEU VEUT ! NOUS SOMMES BOUT AU VENT, ANCRES CROCHÉES... POURVU QU'ELLES TIENNENT !... QUE MONSEIGNEUR L'ÉVÊQUE DISE UNE MESSE POUR NOTRE SALUT !
OREMUS !... MES FRÈRES, PRIONS !... PATER NOSTER, QUI ES IN COELIS...
SUR L'ENTREPONT BALAYÉ PAR LES VAGUES, LES PASSAGERS ET L'ÉQUIPAGE S'UNISSENT DANS LA PRIÈRE. DANS LA CHAMBRE FORTE DU CHÂTEAU ARRIÈRE, UNE POIGNÉE D'HOMMES LUTTENT CONTRE L'EAU QUI MONTE ...
LA TEMPÊTE SEMBLE S'APAISER PENDANT LA NUIT. MAIS À L'AUBE, ELLE SE DÉCHAÎNE, ET...
LES ANCRES ! ALERTE ... NOUS BRISONS NOS AMARRES !

SAUVE QUI PEUT! AUX CHALOUPES!
PORCO!... TOUT LE MONDE RESTE À SON POSTE!
LA COQUE DU LOURD GALION ÉCLATE SUR LES TÊTES DE CORAIL...
LE VAISSEAU DE LA FLOTTE DE L'OR SE BRISE EN DEUX. SES CALES VOMISSENT CANONS, BOULETS ET COFFRES, TANDIS QUE LA MER ENGLOUTIT MARINS ET PASSAGERS... UN MÉROU STRIÉ SE DÉTOURNE DE CETTE INCROYABLE FORTUNE, POUR LUI SIMPLE AMAS D'OBJETS IMMANGEABLES.

(1) BON SANG ! ... REGARDE LÀ LE GROS QUI EST PRIS !

(2) OUAIS ... IL EST BEAU ... L'AVION RASE LA MER ! ILS SONT FOUS, JOSEPH !

(3) BOF ! ... PEUT-ÊTRE QU'ILS PÊCHENT À LA TRAÎNE, EUX AUSSI ! HI ! HI !

L'AVION SURVOLE LE THÉÂTRE D'UN DRAME OUBLIÉ ...
EH BIEN ! GAËL : ME DIREZ-VOUS CE QUE NOUS CHERCHONS ?
NOUS Y SOMMES, COMMANDANT ! VOUS VOYEZ CETTE TACHE CLAIRE ?
LES FONDS REMONTENT... C'EST UN RÉCIF FRANGEANT... LÀ ! LÀ ! MAGNIFIQUE !... DES DIABLES DE MER EN CHASSE ... UNE TROUPE DE RAIES MANTAS GÉANTES ...
MAIS CE N'EST PAS POUR CELA QUE NOUS SOMMES ICI ...
NON ... VOUS VOUS SOUVENEZ DU NOM DE CE RÉCIF ? LE BANC D'ARGENT !... UN VRAI COFFRE-FORT ...
PLUS DE DEUX CENT CINQUANTE GALIONS ENGLOUTIS ... DES FORTUNES D'OR ET D'ARGENT ... PHOTOGRAPHIEZ CE CROISSANT DE CORAIL !
QU'EST-CE QU'IL A DE SPÉCIAL ? APPROCHEZ-VOUS ENCORE ... ON DIRAIT QU'IL EST FENDU EN DEUX ...
1000
500
250
125
60
30
1

EXACTEMENT !... ET REGARDEZ BIEN CETTE CARTE : LA FAILLE Y EST !
D'ACCORD, ELLE Y EST !... MAIS QU'EST-CE QUE VOUS Y AVEZ TROUVÉ, DANS CE TROU ?
ALLONS, GAËL : ICI NOUS SOMMES LOIN DES OREILLES INDISCRÈTES ! DITES-MOI VOTRE SECRET...
ENCORE UN PEU DE PATIENCE... JE VOUS EXPLIQUERAI TOUT CE SOIR, SUR VOTRE BATEAU.
CAP AU SUD, L'AVION SURVOLE LES ANTILLES, MERVEILLEUSES, MISÉRABLES MAIS HEUREUSES...
ROI DES FINANCES
AH ! VOILÀ LA CALYPSO... BON BATEAU, POUR DES FOUILLES...
BON BATEAU POUR LA SCIENCE, GAËL... LA SCIENCE !
LE PACHA EST DE RETOUR, CANOË : VA LE CHERCHER À L'AÉROPORT !
ACROBATIQUE, L'ATTERRISSAGE, PAR ICI !
ÇA FAIT PARTIE DU CHARME DE SAINT-BART !
PLUS TARD, AU BAR DE L'AÉRO-CLUB DE SAINT-BARTHÉLEMY...
ALORS, COMMANDANT : FRUCTUEUSE, LA BALADE ?
ÇA, JE L'IGNORE ENCORE... CANOË, VOICI GAËL : IL NOUS GARDE LA SURPRISE JUSQU'À CE SOIR, À BORD...

LE SOIR, TANDIS QUE LA CALYPSO EST À L'ANCRE ...
ILS SONT IMPATIENTS DE SAVOIR, GAËL ...
JE LES COMPRENDS ! J'AI SUFFISAMMENT MÉNAGÉ LE SUSPENSE ...
LE VOILÀ, NOTRE DÉCOUVREUR DE LINGOTS ET DE COFFRES-FORTS !
BIENVENUE À BORD, OÙ JE N'ENTENDS PLUS PARLER QUE DE TRÉSORS !
L'OR, ÇA SE RENIFLE ... ILS ONT RAISON !
J'AI PRÉPARÉ LE PROJECTEUR ET LES DIAPOSITIVES QUE VOUS M'AVEZ CONFIÉES, GAËL ... ON PEUT Y ALLER !
MES AMIS, VOICI GAËL ... L'HOMME QUI CONNAÎT LE MIEUX LES RÉCIFS DES CARAÏBES !
EH BIEN, OUI ! VOUS L'AVEZ DEVINÉ : C'EST UN TRÉSOR ! ... L'UN DES PLUS FABULEUX TRÉSORS DE L'HISTOIRE ... IL EST CACHÉ LÀ, PARMI LES CORAUX DU BANC D'ARGENT ...
JE CROIS QUE JE LE SAIS ... MAIS POUR MIEUX VOUS EN PARLER, JE VOUS AI PRÉPARÉ UN PETIT RAPPEL HISTORIQUE ...
CALYPSO
JE VOUS L'AVAIS DIT ! J'EN ÉTAIS SÛR ... CETTE FOIS, NOUS AVONS TOUCHÉ LE GROS LOT !
PAS SI VITE ! ... UN RÉCIF, C'EST GRAND. UNE ÉPAVE, C'EST PETIT ... IL FAUT SAVOIR EXACTEMENT OÙ ELLE SE TROUVE ...
CALYPSO

LE 12 OCTOBRE 1492, TROIS CARAVELLES PARTIES D'ESPAGNE, LA SANTA MARIA, LA NIÑA ET LA PINTA, ABORDENT UNE ÎLE DE L'ARCHIPEL DES BAHAMAS...
CHRISTOPHE COLOMB SE CROIT EN CHINE. IL A DÉCOUVERT L'AMÉRIQUE...
LE NOUVEAU MONDE SUSCITE LA CONVOITISE DE CENTAINES D'AVENTURIERS QUI FRANCHISSENT L'ATLANTIQUE SUR LES VAISSEAUX DU ROI D'ESPAGNE AFIN DE CONVERTIR LES PEUPLES INFIDÈLES ET DE RAPPORTER DE L'OR... DE L'OR !... L'OR DE L'ELDORADO...
... LES INDIENS ACCUEILLENT D'ABORD SANS MÉFIANCE CES HOMMES BLANCS VENUS DE LA MER, DONT- CURIEUSEMENT- LEUR PARLAIENT LEURS LÉGENDES...

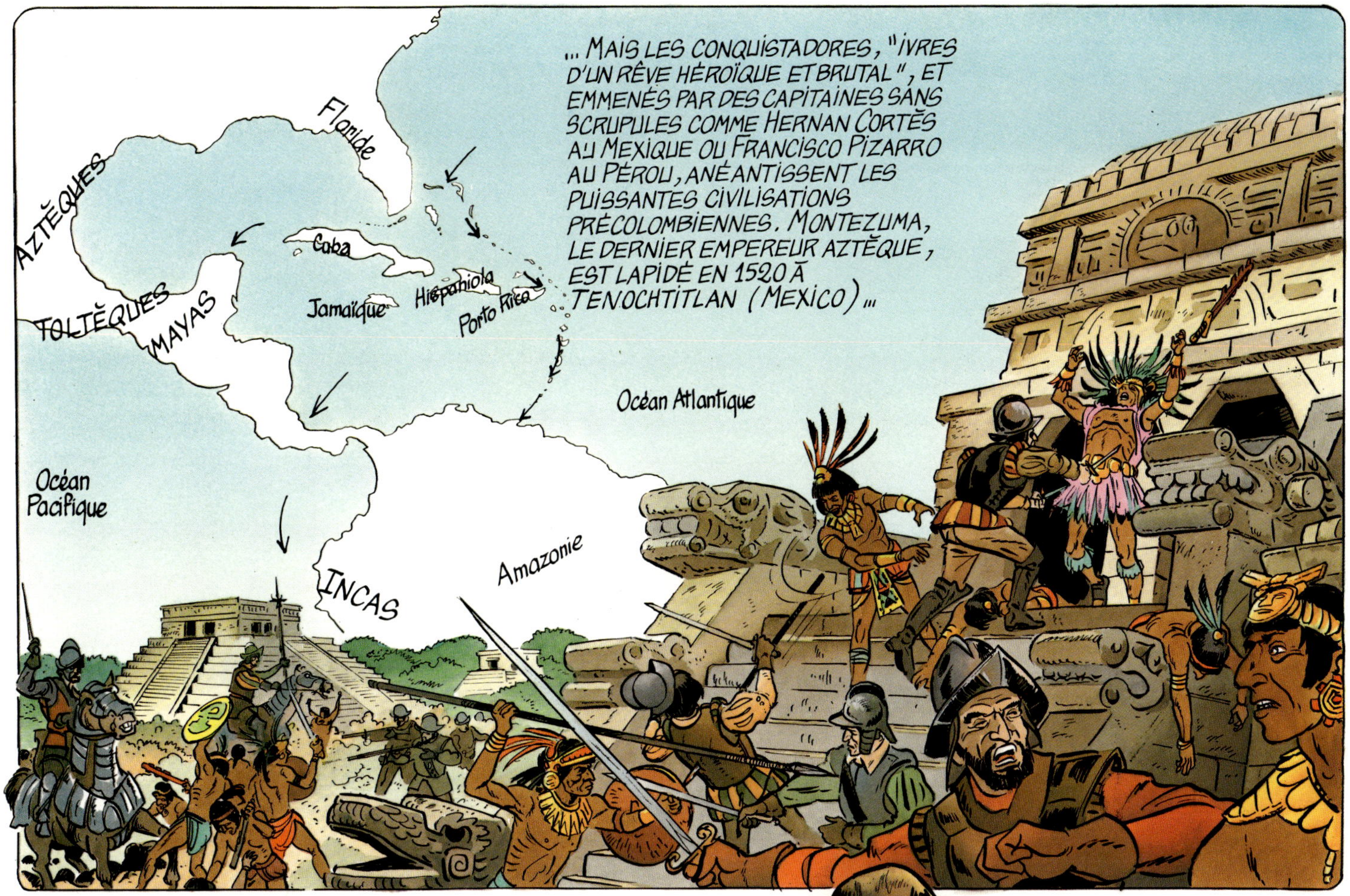

... ATAHUALPA, LE DERNIER SOUVERAIN INCA, OFFRE EN VAIN À SON VAINQUEUR PIZARRO UNE SALLE ENTIÈRE DE BIJOUX D'OR : IL EST CONDAMNÉ AU BÛCHER, PUIS REÇOIT LA "FAVEUR" D'ÊTRE GARROTTÉ (1533). PARTOUT, LES INDIENS SONT ATTAQUÉS, MASSACRÉS OU RÉDUITS EN ESCLAVAGE, ET LEURS RICHESSES PILLÉES...

(1) PRÉCIEUX MANUSCRITS RELATANT EN LANGUE INDIENNE L'HISTOIRE DES PEUPLES PRÉCOLOMBIENS.

... TOUJOURS EST-IL QUE CES DERNIERS FURENT ASSERVIS. ON FONDIT EN LINGOTS LEURS OBJETS D'ART ET DE CULTE. ON LES CONTRAIGNIT À TRAVAILLER DANS DES MINES D'OR OU D'ARGENT, COMME CELLES DU POTOSI, EN BOLIVIE, OÙ ILS MOURURENT PAR MILLIERS ...

... LES INDES OCCIDENTALES, COMME ON APPELAIT L'AMÉRIQUE, FURENT MISES EN COUPE RÉGLÉE. L'OR (LA "SUEUR DU SOLEIL", SELON LES INCAS) ET LES PRODUITS DU PILLAGE FURENT CONVOYÉS PAR DES CARAVANES DE MULETS JUSQU'AUX RIVAGES DE LA MER DES CARAÏBES.

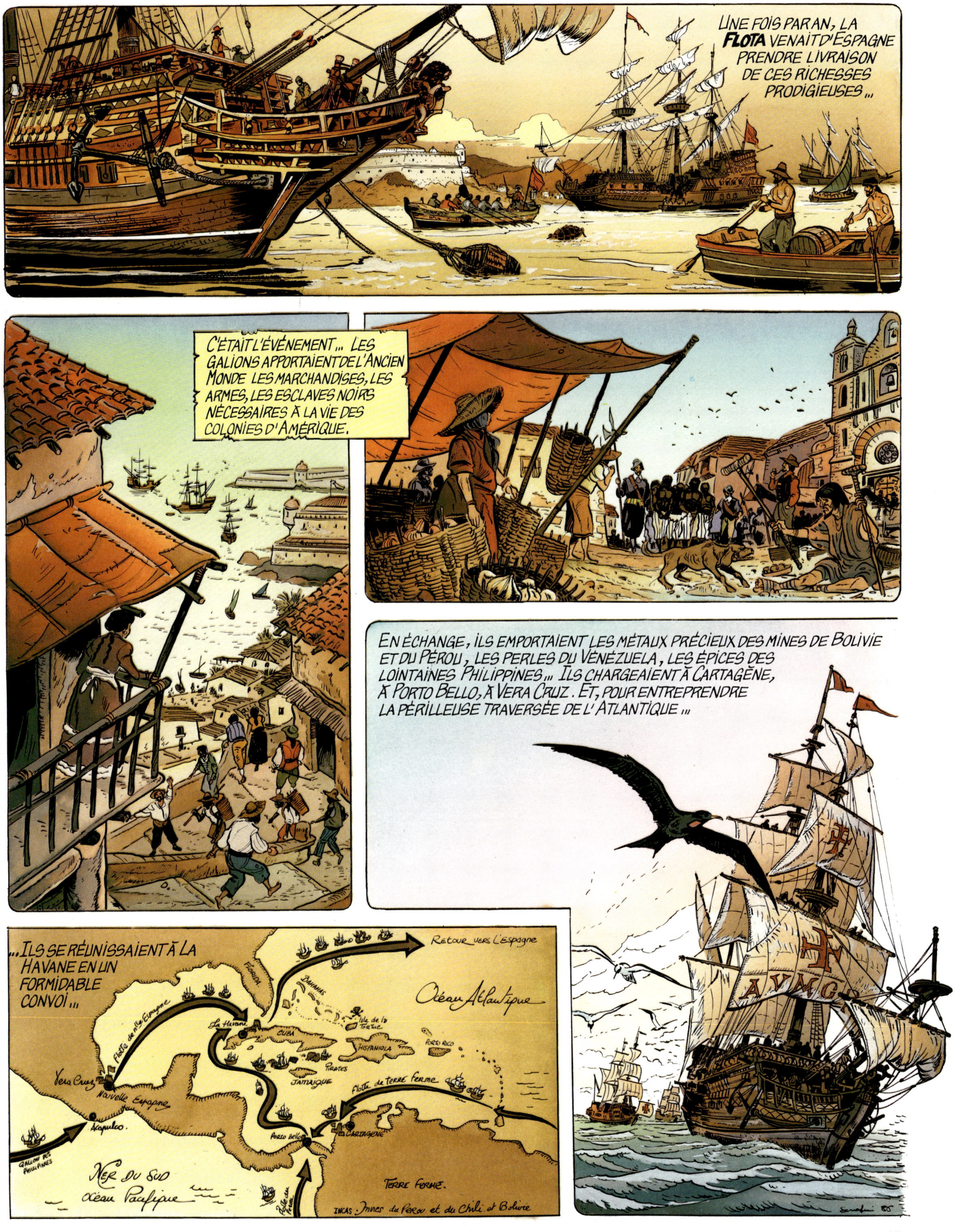
UNE FOIS PAR AN, LA FLOTA VENAIT D'ESPAGNE PRENDRE LIVRAISON DE CES RICHESSES PRODIGIEUSES...
C'ÉTAIT L'ÉVÉNEMENT... LES GALIONS APPORTAIENT DE L'ANCIEN MONDE LES MARCHANDISES, LES ARMES, LES ESCLAVES NOIRS NÉCESSAIRES À LA VIE DES COLONIES D'AMÉRIQUE.
EN ÉCHANGE, ILS EMPORTAIENT LES MÉTAUX PRÉCIEUX DES MINES DE BOLIVIE ET DU PÉROU, LES PERLES DU VÉNÉZUELA, LES ÉPICES DES LOINTAINES PHILIPPINES... ILS CHARGEAIENT À CARTAGÈNE, À PORTO BELLO, À VERA CRUZ. ET, POUR ENTREPRENDRE LA PÉRILLEUSE TRAVERSÉE DE L'ATLANTIQUE...
A V M G
...ILS SE RÉUNISSAIENT À LA HAVANE EN UN FORMIDABLE CONVOI...
Retour vers l'Espagne
FLORIDA
BAHAMAS
Océan Atlantique
Flotte de nlle Espagne
La Havane
CUBA
Isle de la Tortue
PORTO RICO
HISPANIOLA
PIRATES
Vera Cruz
JAMAÏQUE
Nouvelle Espagne
Flotte de terre ferme
Acapulco.
PORTO BELLO
CARTAGENE
GALLON DES PHILIPPINES
MER DU SUD
Océan Pacifique
Flotte du Pérou
TERRE FERME.
INCAS : Mines du Pérou et du Chili et Bolivie

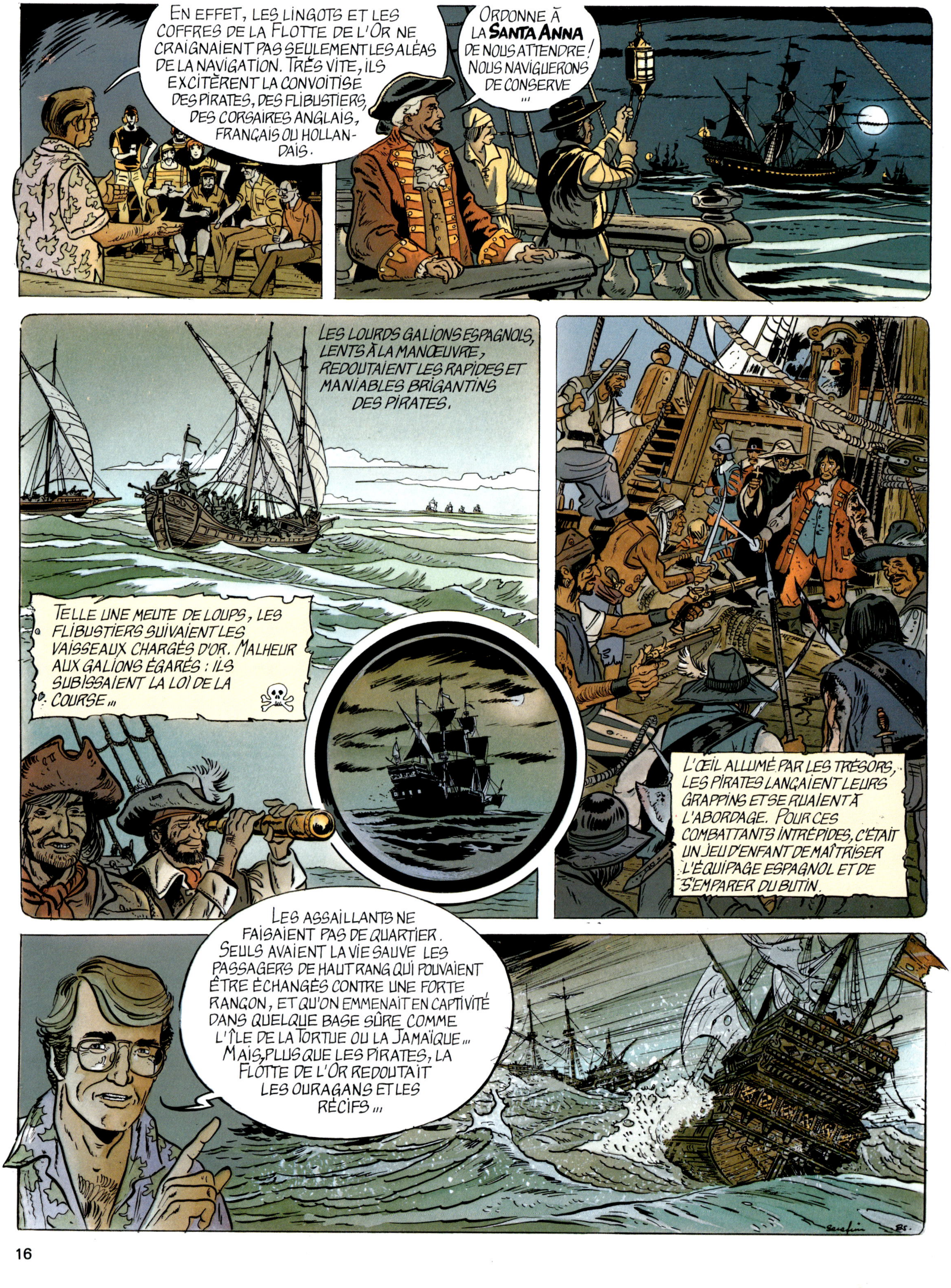
En effet, les lingots et les coffres de la Flotte de l'Or ne craignaient pas seulement les aléas de la navigation. Très vite, ils excitèrent la convoitise des pirates, des flibustiers, des corsaires anglais, français ou hollandais.
Ordonne à la SANTA ANNA de nous attendre ! Nous naviguerons de conserve ...
Les lourds galions espagnols, lents à la manœuvre, redoutaient les rapides et maniables brigantins des pirates.
Telle une meute de loups, les flibustiers suivaient les vaisseaux chargés d'or. Malheur aux galions égarés : ils subissaient la loi de la course ...
L'œil allumé par les trésors, les pirates lançaient leurs grappins et se ruaient à l'abordage. Pour ces combattants intrépides, c'était un jeu d'enfant de maîtriser l'équipage espagnol et de s'emparer du butin.
Les assaillants ne faisaient pas de quartier. Seuls avaient la vie sauve les passagers de haut rang qui pouvaient être échangés contre une forte rançon, et qu'on emmenait en captivité dans quelque base sûre comme l'île de la Tortue ou la Jamaïque ... Mais, plus que les pirates, la Flotte de l'Or redoutait les ouragans et les récifs ...

... ET C'EST DANS UNE TEMPÊTE, SUR LES RÉCIFS DU BANC D'ARGENT, QUE COULA LE GALION DONT VOUS PENSEZ POUVOIR LOCALISER L'ÉPAVE ...
EXACTEMENT ! C'ÉTAIT LE NAVIRE-AMIRAL DE LA FLOTA, COMMANDÉ PAR L'AMIRANTE VILLAVICENCIO. ON ÉTAIT À L'AUTOMNE DE 1641 ...
L'AUTOMNE ! ... LA SAISON DES CYCLONES SUR LES ANTILLES ... LE PIRE MOMENT POUR PRENDRE LA MER ! ...
LE NAVIRE S'APPELAIT LA NUESTRA SEÑORA DE LA CONCEPCIÓN. IL AVAIT ÉTÉ CONSTRUIT TROP VITE. IL FAISAIT EAU. ON AVAIT DÛ LE RECALFATER D'URGENCE À LA HAVANE ...
"VITE CONSTRUIT, VITE LANCÉ, VITE COULÉ", COMME DISENT LES MARINS ! ... MAIS D'OÙ TENEZ-VOUS CETTE HISTOIRE ?
IL EXISTE DES DOCUMENTS, DES TÉMOIGNAGES ... CAR IL Y A EU DES SURVIVANTS : L'HISTOIRE DU GALION NE S'ARRÊTE PAS AU NAUFRAGE ...
LORSQUE LA COQUE DE LA NUESTRA SEÑORA DE LA CONCEPCIÓN ÉCLATA SUR LE RÉCIF, UN GRAND NOMBRE DE MARINS ET DE PASSAGERS QUI ÉTAIENT À BORD PÉRIRENT NOYÉS OU DÉVORÉS PAR LES REQUINS. MAIS PAS TOUS ... LES SURVIVANTS RÉUSSIRENT À CONSTRUIRE DES RADEAUX ET DES CANOTS DE FORTUNE ...
IL Y EUT DE NOUVEAUX NAUFRAGES. MAIS AU TOTAL, SUR LES 525 PERSONNES EMBARQUÉES DANS LE GALION, ON COMPTA 200 RESCAPÉS. ILS AVAIENT VU L'ENFER ...

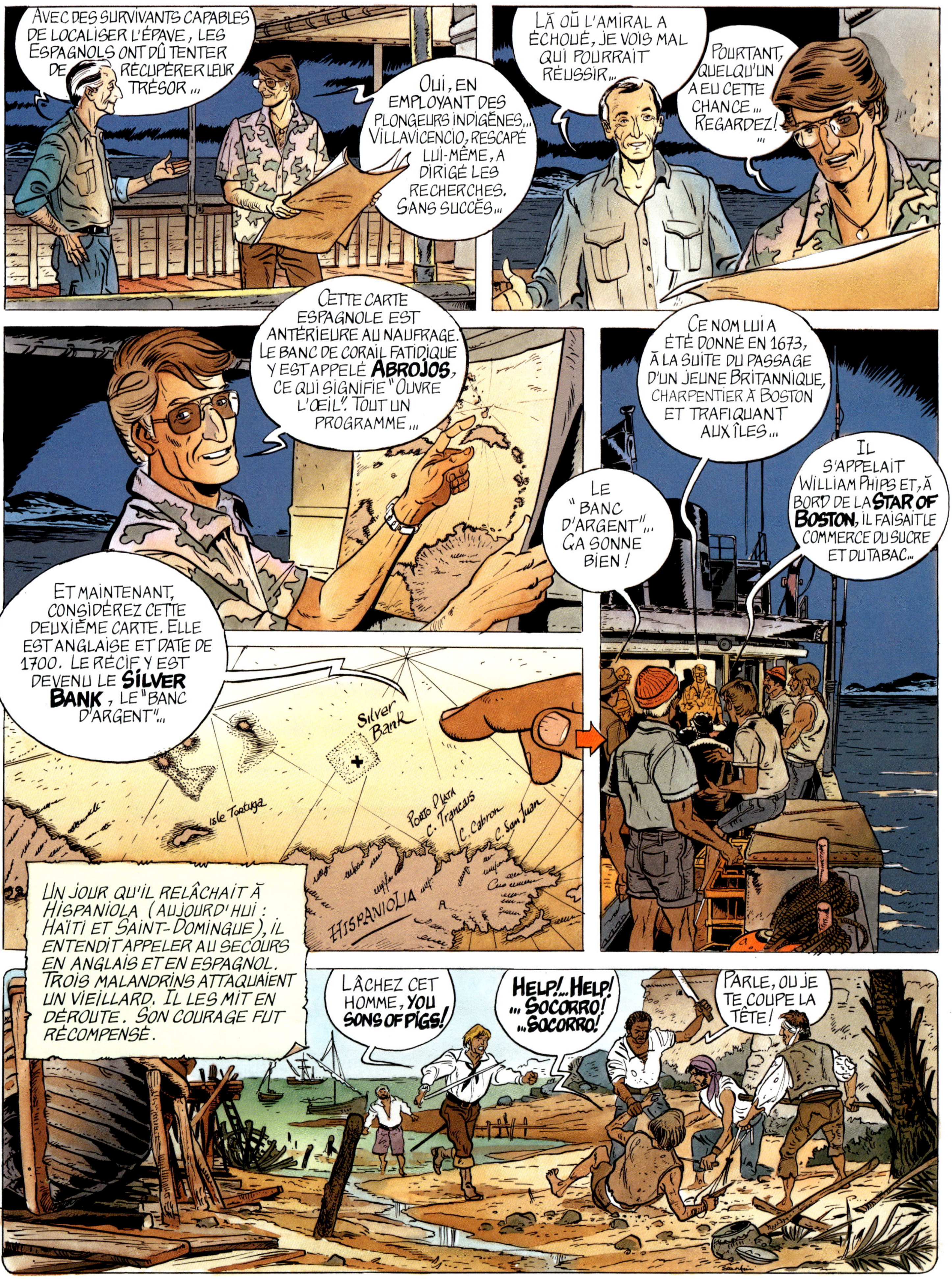
AVEC DES SURVIVANTS CAPABLES DE LOCALISER L'ÉPAVE, LES ESPAGNOLS ONT DÛ TENTER DE RÉCUPÉRER LEUR TRÉSOR...
OUI, EN EMPLOYANT DES PLONGEURS INDIGÈNES... VILLAVICENCIO, RESCAPÉ LUI-MÊME, A DIRIGÉ LES RECHERCHES. SANS SUCCÈS...
LÀ OÙ L'AMIRAL A ÉCHOUÉ, JE VOIS MAL QUI POURRAIT RÉUSSIR...
POURTANT, QUELQU'UN A EU CETTE CHANCE... REGARDEZ! ...
CETTE CARTE ESPAGNOLE EST ANTÉRIEURE AU NAUFRAGE. LE BANC DE CORAIL FATIDIQUE Y EST APPELÉ **ABROJOS**, CE QUI SIGNIFIE "OUVRE L'ŒIL". TOUT UN PROGRAMME...
ET MAINTENANT, CONSIDÉREZ CETTE DEUXIÈME CARTE. ELLE EST ANGLAISE ET DATE DE 1700. LE RÉCIF Y EST DEVENU LE **SILVER BANK**, LE "BANC D'ARGENT"...
Silver Bank
Isle Tortuga
Porto Plata
C. Francois
C. Cabron
C. San Juan
HISPANIOLA
LE "BANC D'ARGENT"... ÇA SONNE BIEN!
CE NOM LUI A ÉTÉ DONNÉ EN 1673, À LA SUITE DU PASSAGE D'UN JEUNE BRITANNIQUE, CHARPENTIER À BOSTON ET TRAFIQUANT AUX ÎLES...
IL S'APPELAIT WILLIAM PHIPS ET, À BORD DE LA **STAR OF BOSTON**, IL FAISAIT LE COMMERCE DU SUCRE ET DU TABAC...
UN JOUR QU'IL RELÂCHAIT À HISPANIOLA (AUJOURD'HUI : HAÏTI ET SAINT-DOMINGUE), IL ENTENDIT APPELER AU SECOURS EN ANGLAIS ET EN ESPAGNOL. TROIS MALANDRINS ATTAQUAIENT UN VIEILLARD. IL LES MIT EN DÉROUTE. SON COURAGE FUT RÉCOMPENSÉ.
LÂCHEZ CET HOMME, **YOU SONS OF PIGS!**
HELP!... HELP! ... SOCORRO! ... SOCORRO!
PARLE, OU JE TE COUPE LA TÊTE!

... A PARTIR DE LÀ, L'HISTOIRE REBONDIT DE FAÇON SURPRENANTE ...
LE VIEILLARD BLESSÉ RACONTE QUE, BIEN QUE NON-ESPAGNOL, IL AVAIT SERVI JADIS COMME TIMONIER À BORD DE LA **NUESTRA SEÑORA DE LA CONCEPCIÓN**, GROS GALION CHARGÉ D'OR QUI AVAIT FAIT NAUFRAGE ...
ALLONS ! ALLONS, GRAND-PÈRE : TU DÉLIRES !... CES VAURIENS T'ONT TAPÉ TROP FORT SUR LA TÊTE !...
NON ! NON : ILS VOULAIENT MON SECRET !... ÉCOUTE, COURAGEUX GARÇON : JE VAIS FAIRE DE TOI UN HOMME RICHE !...
LAISSE-MOI PARLER... JE N'AI PLUS BEAUCOUP DE TEMPS ... LE BATEAU, JE SAIS OÙ IL EST... J'Y SUIS RETOURNÉ UNE FOIS, TOUT SEUL, EN CANOT... J'AI VU LES MÂTS DANS L'EAU ... J'AI NOTÉ L'ENDROIT SUR CETTE CARTE : JE TE LA DONNE... PRENDS-LA !...
CALME-TOI, GRAND-PÈRE ! CALME-TOI !...
LE VIEUX MARIN MOURUT. WILLIAM PHIPS PENSA UN MOMENT S'ALLIER AU FAMEUX PIRATE MORGAN POUR CHERCHER LE TRÉSOR: C'EÛT ÉTÉ UNE FOLIE. RENTRÉ EN ANGLETERRE, IL OBTINT DU ROI CHARLES II UNE FRÉGATE DE 18 CANONS, LA **ROSE D'ALGER**.
NON, JE NE VOIS RIEN !... RIEN QUE DES CORAUX ...
IL PLONGEA ET REPLONGEA SUR LE SITE INDIQUÉ PAR LA CARTE. EN VAIN... SON ÉQUIPAGE EXCÉDÉ SE RÉVOLTA ...
VICTOIRE ! UN LINGOT ! UN LINGOT D'OR !
IL NE DÉCOUVRIT EN TOUT ET POUR TOUT QU'UNE SEULE BARRE DE MÉTAL PRÉCIEUX, SUR LAQUELLE AVAIT POUSSÉ UNE GORGONE JAUNE DES CARAÏBES ...

UN UNIQUE LINGOT !... PHIPS N'A PAS DÛ RECEVOIR LES FÉLICITATIONS DE SES ASSOCIÉS EN REVENANT À LONDRES !
OH ! NON... DU RESTE, CHARLES II ÉTAIT MORT, ET SON SUCCESSEUR SUR LE TRÔNE, JACQUES II, RÉPANDAIT LA TERREUR EN ANGLETERRE. TOMBÉ EN DISGRÂCE À LA COUR, PHIPS DUT TROUVER DE NOUVEAUX PROTECTEURS : L'ANCIEN LORD-AMIRAL SIR JOHN MARLBOROUGH, ET LE DUC D'ALBEMARLE...
C'EST CE CAPITAINE QUI POSSÈDE UNE CARTE AU TRÉSOR...
WILLIAM PHIPS, POUR VOUS SERVIR...
APPROCHEZ, MON AMI, JE VOUS ÉCOUTE. EXPLIQUEZ-MOI VOTRE AFFAIRE...
HENRY CHRISTOPHER, DUC D'ALBEMARLE, AVAIT DE GROS BESOINS D'ARGENT. IL OBTINT UNE CONCESSION DU ROI ET FINANÇA LA NOUVELLE EXPÉDITION. UN DIXIÈME DES GAINS IRAIT À LA COURONNE, ET UN SEIZIÈME À PHIPS...
CAPITAINE PHIPS, VOICI VOTRE ORDRE DE MISSION... LE JAMES AND MARY ET LE HENRY OF LONDON VOUS ATTENDENT AU PORT.
VÔTRE GRÂCE N'AURA PAS À REGRETTER SA CONFIANCE. JE LUI RAPPORTERAI BEAUCOUP DE CE BON OR ESPAGNOL !...
ET, LE 12 SEPTEMBRE 1686...
TOUT DE MÊME, VOTRE GRÂCE, C'EST RISQUÉ : DEUX VAISSEAUX DANS LES MAINS D'UN AVENTURIER...
N'AYEZ CRAINTE, MON CHER : J'AI DES HOMMES DE CONFIANCE À BORD. ILS ME RENDRONT COMPTE DU MOINDRE DOUBLON...
ENFIN, NOUS SOMMES EN MER, COMPAGNONS... DANS TROIS SEMAINES, NOUS TOUCHERONS HISPANIOLA...
POURVU QUE LES ALIZÉS SOIENT PROPICES, CAPITAINE...
HOMME AVISÉ, PHIPS AVAIT CHARGÉ LE JAMES AND MARY DE MARCHANDISES, AFIN DE FAIRE COMMERCE AUX ANTILLES ET DE DÉTOURNER LES SOUPÇONS. PENDANT CE TEMPS, SUR LE HENRY OF LONDON, SON SECOND, WILLIAM COVELL, COMMENÇAIT SECRÈTEMENT LES RECHERCHES...
ANCRES PARÉES... MAIS LE HENRY OF LONDON N'EST PAS LÀ POUR NOUS ATTENDRE, CAPITAINE...
JE SAIS, LIEUTENANT, JE SAIS... NOUS LE RETROUVERONS PLUS TARD. VENDONS D'ABORD...

(2) ALCOOL DE MÉLASSE ET DE DÉCHETS DE CANNE À SUCRE

DE L'OR !... C'EST DE L'OR !... PAR SAINT-GEORGES, REGARDEZ ÇA : NOUS SOMMES RICHES !
PENDANT TROIS SEMAINES, PRESQUE SANS REPOS, LES INDIENS PLONGENT POUR RAMENER LE TRÉSOR À LA SURFACE. ENFIN, LE JAMES AND MARY REJOINT LE HENRY OF LONDON...
8 BRASSES... 5... ATTENTION, LE FOND SE RAPPROCHE !...
NOUS ARRIVONS À LA PASSE... J'ESPÈRE QU'ILS L'ONT TROUVÉ, CE MAUDIT GALION !...
MAGNIFIQUE, MONSIEUR COVELL, JE VOUS FÉLICITE !... MAIS JE VOIS ICI PLUS D'ARGENT QUE D'OR...
L'OR EST DIFFICILE À TROUVER... LE CORAIL RECOUVRE TOUTE L'ÉPAVE... LES PLONGEURS S'ÉPUISENT... DÉJÀ, DEUX D'ENTRE EUX SONT MORTS NOYÉS...
UNE CLOCHE À PLONGEUR ?
NOUS AVONS UNE ARME SECRÈTE : UNE CLOCHE À PLONGEUR !... GRÂCE À ELLE, NOUS ALLONS POUVOIR RATISSER LE RÉCIF...
L'INVENTION D'UN DE NOS COMPATRIOTES... UN ASTRONOME : EDMUND HALLEY... ELLE PERMET À UN HOMME DE RESTER AU FOND UNE DEMI-HEURE, PAR 15 BRASSES...
Diving Bell by Edmond Halley
A. BELL
B. TANK
C. DIVER
D. WRECK
BONNE CHANCE, MONSIEUR LEWIS !... L'OR EST LÀ, J'EN SUIS SÛR !... QUE SAINT CHRISTOPHE PROTÈGE VOTRE VOYAGE !
ALLONS-Y, DESCENDEZ LENTEMENT ...
JE L'AI ESSAYÉE DANS LA TAMISE... SI VOTRE COFFRE EST AU FOND, JE LE TROUVERAI !
NOUS ALLONS TOUT DE SUITE SAVOIR SI ÇA MARCHE... HISSEZ, VOUS AUTRES !... MONSIEUR LEWIS, ÊTES-VOUS PRÊT ?
VENEZ VOIR LA MERVEILLE... EH !... EH !... ELLE ÉTAIT CACHÉE DANS LA CALE DU JAMES AND MARY...

ET LA CLOCHE À PLONGEUR S'ENFONCE DANS L'EAU CLAIRE...
IL EST AU FOND... PRÉPAREZ-VOUS À ENVOYER UN TONNEAU D'AIR TOUTES LES CINQ MINUTES...
QU'EST-CE QU'ILS NE VONT PAS INVENTER!
DANS LA CLOCHE, L'AIR RÉSIDUEL SE TROUVE TOUJOURS À LA BONNE PRESSION HYDROSTATIQUE; MAIS IL FAUT RENOUVELER L'OXYGÈNE... L'HOMME PREND SON SOUFFLE...
... SORT DE L'HABITACLE ET TRAVAILLE SUR LE FOND EN APNÉE (1). C'EST AINSI QUE LEWIS ENTASSE DANS SON PANIER LES LINGOTS ET LES PIÈCES QUI AVAIENT ÉCHAPPÉ AUX INDIENS.
(1) EN RETENANT SA RESPIRATION.
UN LABEUR ÉPUISANT, FAIT DE VA-ET-VIENT INCESSANTS ENTRE LE CŒUR DE L'ÉPAVE ET LA RÉSERVE D'AIR... MAIS UN JOUR, SOUS UN PLANCHER...
AAH!... DE L'AIR!... DE L'AIR!...
... LEWIS DÉGAGE LES CONTOURS D'UN ÉNORME COFFRE!... IL FAUT PLUSIEURS PLONGÉES POUR DÉBLAYER LE SABLE ET LES CORAUX QUI LUI FONT UNE GANGUE, ET POUR L'ÉLINGUER SOLIDEMENT... ENFIN, QUAND TOUT EST PRÊT...
TIREZ! TIREZ FORT, BANDE DE FAINÉANTS!
POURVU QUE LES FILINS TIENNENT... AMENEZ DOUCEMENT SUR BORDÉ!...

PINCEZ-MOI. JE RÊVE !... NON, MAIS JE RÊVE !...
BON SANG !... QUEL MORCEAU !... MAIS C'EST LE COFFRE DE NEPTUNE QUI NOUS ARRIVE !
ALLEZ ; QU'ON LUI OUVRE LE VENTRE !... POUR VOIR SES TRIPES ... DORÉES !
AVEC PLAISIR, CAPITAINE !... AH !...
MY GOD !... OHH !... MY GOD !...
PERLES DU VÉNÉZUELA, ÉMERAUDES DE COLOMBIE, PIÈCES D'OR ET D'ARGENT DU PÉROU ET DE BOLIVIE, VAISSELLE PRÉCIEUSE, CHAÎNES ET BIJOUX SONT LÀ, ENTASSÉS PÊLE-MÊLE, RUISSELANTS D'EAU MAIS LUISANTS DE TOUS LEURS FEUX, SOUS LES YEUX EXORBITÉS DU CAPITAINE PHIPS ET DE SON ÉQUIPAGE... À CET INSTANT...
VOILE À BÂBORD !... SOUS NOTRE VENT !... PAVILLON NOIR !...
UN PIRATE !... C'ÉTAIT FATAL !... À VOTRE AVIS, COVELL, EST-CE QUE NOUS FERIONS LE POIDS EN CAS DE BAGARRE ?... AVEC NOS DEUX BATEAUX ET NOS TRENTE-DEUX CANONS ?
NOUS N'AVONS PAS LA MOINDRE CHANCE, CAPITAINE !... CE BRIGANTIN, JE LE CONNAIS ... C'EST LA GLOIRE, LE PLUS RAPIDE ET LE MIEUX ARMÉ DES FLIBUSTIERS FRENCHIES !... LA TERREUR DES ANTILLES ...

William Phips, contraint de ruser pour échapper au pirate français, profite de la nuit sans lune pour tenter une manœuvre...
Faites remonter les ancres, et laissons porter la dérive... Que les courants nous soient favorables...
La consigne est passée, capitaine : tous feux éteints !...
Ah ! Ah !... Maudits FROGGIES ... Je voudrais voir leur tête quand ils trouveront les chaloupes vides avec le fanal...
Espérons que ça marchera !...
Cependant, quelques heures plus tard...
DAMNED !... Le pirate est toujours là !... Il est malin, le bougre !...
... Et rapide !... Il gagne sur nous !... Il gagne !
Nous sommes trop chargés !... Nous déplaçons trop d'eau... Il faudrait nous délester...
Nous délester du trésor ?...
Ça, jamais, Covell !... Puisqu'il n'y a pas d'autre moyen, nous allons nous battre comme des Anglais !
Mais un sérieux grain se prépare...
Un grain providentiel, Covell !... Nous allons le semer, ce flibustier du dimanche... La barre à bâbord, toute !
Sur le brigantin des corsaires, c'est l'étonnement...
Ils sont fous !... Ils piquent droit sur la tempête, droit sur le Banc du Mouchoir !...
La manœuvre de Phips est follement risquée. Pour échapper au corsaire, il lance ses navires, en plein coup de tabac, dans l'un des dédales de coraux les plus meurtriers des Caraïbes.

LE BANC DU MOUCHOIR A REÇU CE NOM À CAUSE DE SA FORME CARRÉE - MAIS AUSSI, ASSURAIT-ON, PARCE QUE CELUI QUI S'Y ENGAGE DIT AU REVOIR À LA VIE,,,
MOUILLEZ LES ANCRES,,, ON RESTE ICI POUR LA NUIT!,,, ET QUE LES FRENCHIES VIENNENT NOUS CHERCHER S'ILS OSENT!,,,
C'EST DE LA FOLIE, CAPITAINE!,,, ON VA TALONNER LES RÉCIFS!,,, CE MAUDIT TRÉSOR FINIRA AU FOND!,,,
30 BRASSES À LA SONDE!,,, 20 BRASSES!,,,
TOUT LE MONDE SUR LE PONT!,,, AFFALEZ LA TOILE!,,, LARGUEZ LES ANCRES!,,,
AU TERME D'UNE NUIT D'ÉPOUVANTE, LE SOLEIL DES CARAÏBES CHASSE LES NUAGES ET LA PLUIE, L'HORIZON EST VIDE. LE CORSAIRE A DISPARU.
ÇA M'EN A TOUT L'AIR, MAIS RESTONS VIGILANTS! CES GAILLARDS SONT MALINS: ILS L'ONT PROUVÉ.
ON LES A ROULÉS, COVELL!,,, LES MANGEURS DE GRENOUILLES SE SONT DÉGONFLÉS!
CEPENDANT, LA TRAVERSÉE EST SANS HISTOIRE. APRÈS NEUF MOIS D'ABSENCE, LE HENRY OF LONDON ET LE JAMES AND MARY RESTENT EN ANGLETERRE, OÙ LE NOM DE PHIPS EST HONORÉ,,,
LES VOILÀ, CES VEINARDS!,,, ON PEUT DIRE QU'ILS ONT LE CUL COUSU D'OR, À PRÉSENT!
LE CONTRÔLEUR DU ROI EST À BORD,,, IL PARAÎT QU'ENTRE L'OR, L'ARGENT ET LES BIJOUX, IL Y EN A POUR UN QUART DE MILLION DE LIVRES,,,

EH BIEN, GAËL : VOILÀ L'HISTOIRE D'UNE FORTUNE VITE ET BIEN FAITE !... J'IMAGINE QUE WILLIAM PHIPS A DÛ FINIR PAIR D'ANGLETERRE...
IL TOUCHA SA PART, ET LE ROI LE FIT CHEVALIER. MAIS SA FORTUNE NE DURA QUE HUIT ANS...
POUR SON MALHEUR, EN EFFET, IL FUT NOMMÉ GOUVERNEUR DU MASSACHUSETTS, DU MAINE ET DE LA NOUVELLE-ÉCOSSE. IL FIT LA GUERRE AUX FRANÇAIS, LEUR ENLEVA L'ACADIE, MAIS ÉCHOUA DEVANT QUÉBEC. VAINCU, BRISÉ, MALADE, IL FINIT EN PRISON POUR DETTES...
... IL MOURUT À QUARANTE-QUATRE ANS, EN 1695. IL AVAIT DÛ, POUR PAYER SON CERCUEIL, REMETTRE À SES GEÔLIERS LE SEUL LINGOT QUI LUI RESTAIT - LE PREMIER QU'IL AVAIT TROUVÉ, EN FAIT, CELUI QUI ÉTAIT ORNÉ D'UNE GORGONE... AINSI S'ACHEVA LE DESTIN DE CET EXCEPTIONNEL AVENTURIER DE L'OR...
BELLE HISTOIRE !... MAIS POUR NOUS, C'EST TROP TARD...
L'ÉPAVE EST VIDE ! PHIPS A TOUT RAFLÉ...
DE QUOI VOUS PLAIGNEZ-VOUS ? EST-CE QUE VOUS AURIEZ EMBARQUÉ SUR LA CALYPSO POUR DEVENIR RICHES ?... C'EST ÇA QUI SERAIT DRÔLE !...
NOTRE MISSION CONSISTE À CHERCHER. MAIS PAS DE L'OR !... NOTRE UNIQUE RICHESSE, C'EST LA SCIENCE...
LÀ AUSSI, IL Y A DE LA SCIENCE : UN VÉRITABLE TRÉSOR ARCHÉOLOGIQUE !...
SOUS CET ANGLE, L'ENTREPRISE ME PARAÎT PLUS SYMPATHIQUE... NOUS AVONS FOUILLÉ DES ÉPAVES ANTIQUES, DES BATEAUX MODERNES, JAMAIS DE VOILIER DU GRAND SIÈCLE...

Moi, l'archéologie sous-marine me passionne... Je garde un souvenir ébloui de nos plongées sur l'épave du Grand Congloué, près de Marseille...
Là aussi, vous serez le premier, Commandant: jamais personne n'a fouillé scientifiquement un galion de la flotte de l'or...
... De l'or: voilà bien le mot qui me chiffonne!... Jean-Michel, Philippe, qu'en pensez-vous?
L'intérêt scientifique de la fouille ne fait aucun doute. Mais le temps va nous manquer, ça c'est sûr...
Bon!... Je vois que la fièvre de l'or...
... fait des ravages dans les têtes! Je suis contre, mais je joue le jeu. Nous allons voter...
Allons, Commandant!... Nous ne sommes qu'à quelques milles du banc d'Argent... Ce serait dommage de passer devant sans jeter un coup d'œil...
Ainsi, comme cela se pratiquait au temps de la flibuste, avant cette nouvelle expédition, le Commandant Cousteau fait voter son équipage. Rare manifestation de la démocratie directe, au cœur des îles Caraïbes...
L'or est le meilleur remède!... J'offre une tournée générale de tafia!... Yaohh!
Attention, les gars: ça n'aura rien d'une croisière de repos!... Pensez aux récifs, aux requins... Aux tours de reins que vous attraperez!...
Vous inquiétez pas pour nos reins!...
Moi aussi: des deux mains!
Je vote pour!
Et voici comment, par la magie du récit de Gaël, l'équipe de la Calypso se trouva - pour la première et la dernière fois de son histoire - engagée dans une chasse au trésor...

(1) Voir **L'Ile aux Requins** et **La Jungle du Corail**, dans la même collection.

... ET LA CALYPSO FAIT ROUTE VERS LE BANC D'ARGENT DANS UN ENVOL D'EXOCETS ...
BARRE DE RÉCIFS DEVANT !... NOUS Y SOMMES !... QUE DIT LE SONDEUR ?
PLUS DE 300 MÈTRES D'EAU, COMMANDANT...
LE FOND REMONTE À PIC QUAND ON ARRIVE AU PLATIER... C'EST VRAIMENT TRAÎTRE !
LA MER CHANGE DE COULEUR, LÀ-BAS !... QUELQU'UN DANS LE FAUX-NEZ, VITE !...
VAS-Y, SERGE !... TU CRIES SI TU VOIS UN LINGOT !
OUAIS... JE CRIE : RIEN NE VA PLUS !...
DANS LA CHAMBRE D'ÉTRAVE, L'OBSERVATEUR GUIDE LA MANŒUVRE PAR TÉLÉPHONE ...
ICI, FAUX NEZ... TOUJOURS RIEN !... AH ! SI : ATTENTION !... TÊTES DE CORAIL DEVANT NOUS !... À 50 MÈTRES !
ALLÔ ! SERGE... QU'EST-CE QUE TU DIS ?... JE N'ENTENDS RIEN !... ALLÔ !... ALLÔ !...
ALLÔ ! PASSERELLE... CORAIL À 20 MÈTRES ! ... STOPPEZ !... MAIS STOPPEZ TOUT, BON DIEU !!

CORAIL JUSTE DEVANT !... ON VA SE PLANTER ! ... STOPPEZ TOUT !
CETTE FOIS, ON Y A DROIT !
LE TÉLÉPHONE : EN PANNE !... FAITES REMONTER SERGE... TROP DANGEREUX : IL POURRAIT SE FAIRE ÉCRASER !...
COMPRIS, COMMANDANT : JE VAIS LE CHERCHER... POURVU QUE NOUS NE SOYONS PAS TROP PRÈS DU RÉCIF !
ALLÔ ! PASSERELLE... VOUS ÊTES SOURDS, OU QUOI ?... JE VOUS AI DIT DE STOPPER !... **MACHINES ARRIÈRE, TOUTE !**... AÏE !... **NON !**
CRAAC !!
LA **CALYPSO** AVANÇAIT LENTEMENT, MAIS LE CHOC EST TERRIBLE. LES CORNES-D'ÉLANS ET LES GORGONES ÉCLATENT, ET LES POISSONS AFFOLÉS FUIENT EN TOUS SENS ...

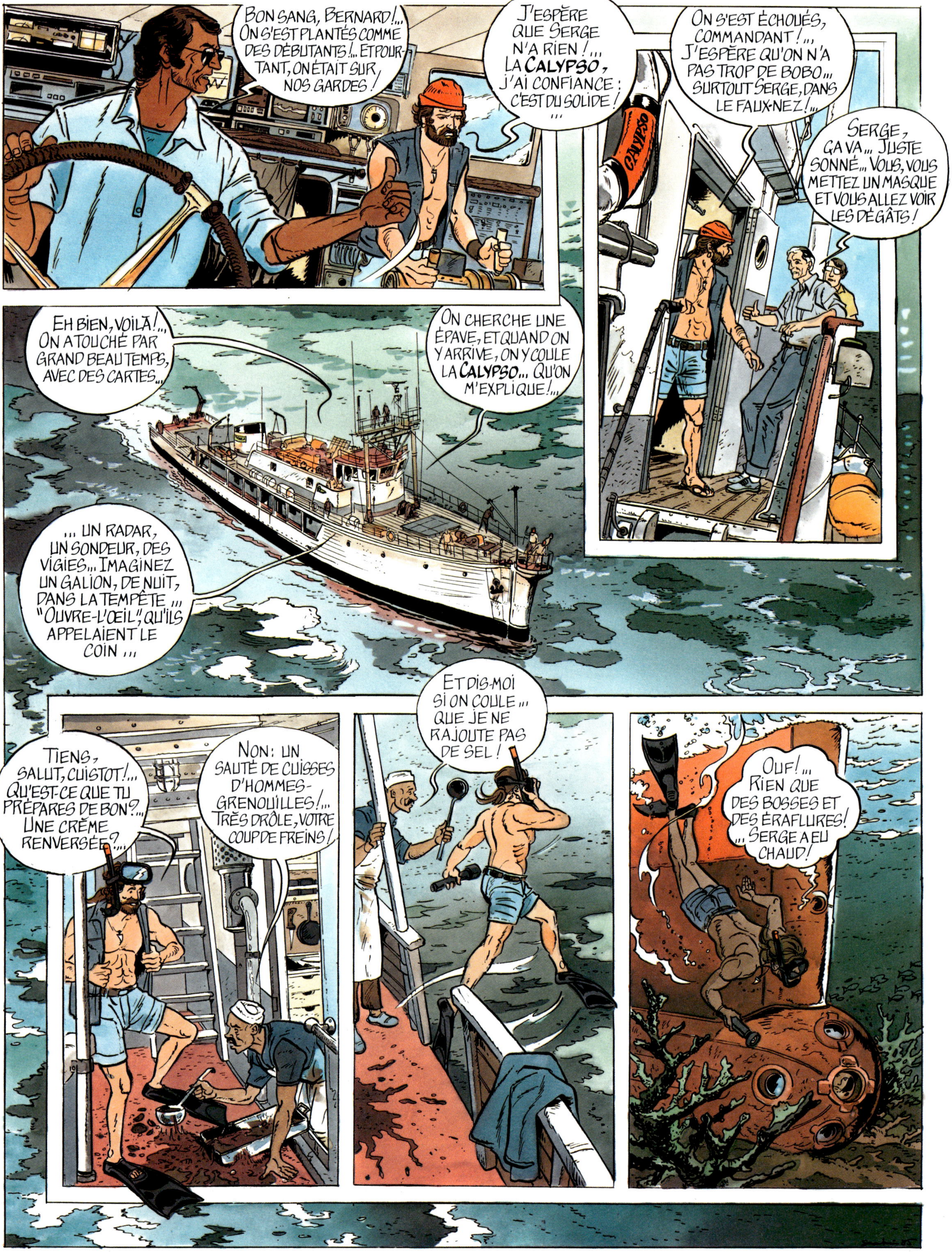
BON SANG, BERNARD !... ON S'EST PLANTÉS COMME DES DÉBUTANTS !... ET POURTANT, ON ÉTAIT SUR NOS GARDES !
J'ESPÈRE QUE SERGE N'A RIEN !... LA CALYPSO, J'AI CONFIANCE : C'EST DU SOLIDE ! ...
ON S'EST ÉCHOUÉS, COMMANDANT !... J'ESPÈRE QU'ON N'A PAS TROP DE BOBO... SURTOUT SERGE, DANS LE FAUX-NEZ !...
SERGE, ÇA VA... JUSTE SONNÉ... VOUS, VOUS METTEZ UN MASQUE ET VOUS ALLEZ VOIR LES DÉGÂTS !
CALYPSO
EH BIEN, VOILÀ !... ON A TOUCHÉ PAR GRAND BEAU TEMPS, AVEC DES CARTES...
ON CHERCHE UNE ÉPAVE, ET QUAND ON Y ARRIVE, ON Y COULE LA CALYPSO... QU'ON M'EXPLIQUE !...
... UN RADAR, UN SONDEUR, DES VIGIES... IMAGINEZ UN GALION, DE NUIT, DANS LA TEMPÊTE ... "OUVRE-L'ŒIL", QU'ILS APPELAIENT LE COIN ...
TIENS, SALUT, CUISTOT !... QU'EST-CE QUE TU PRÉPARES DE BON ?... UNE CRÈME RENVERSÉE ?...
NON : UN SAUTÉ DE CUISSES D'HOMMES-GRENOUILLES !... TRÈS DRÔLE, VOTRE COUP DE FREINS !
ET DIS-MOI SI ON COULE ... QUE JE NE RAJOUTE PAS DE SEL !
OUF !... RIEN QUE DES BOSSES ET DES ÉRAFLURES ! ... SERGE A EU CHAUD !

ALORS, BERNARD, COMMENT ÇA SE PRÉSENTE, LÀ-DESSOUS ?
RIEN DE MÉCHANT ... LE FAUX-NEZ EST DANS LE CORAIL ... ON DEVRAIT S'EN TIRER SANS CASSE ...
AYANT MOUILLÉ DEUX ANCRES À LA POUPE, LA CALYPSO SE DÉHALE LENTEMENT ...
ÇA Y EST ! ... ÇA DÉCOINCE ! ...
ALLÔ ! PASSERELLE ... LE NEZ EST LIBRE ... EMBRAYEZ DOUCEMENT ...
PAS DE VOIE D'EAU DANS LES CALES !
ON A EU DE LA CHANCE ... POUR CETTE FOIS ! ... MAIS J'AI COMPRIS LA LEÇON ...
VOUS N'ALLEZ PAS ABANDONNER SI PRÈS DU BUT ?! ... NOUS SOMMES À 2 MILLES DE L'ÉPAVE ! ...
EH BIEN : C'EST EN CHALAND QUE NOUS IRONS LA CHERCHER ! ... QU'UNE ÉQUIPE SE PRÉPARE ...
C'EST AINSI QU'UN GROUPE DE RECONNAISSANCE COMPOSÉ DE GAËL, CANOË, BERNARD ET SERGE AFFRONTE LE DÉDALE DES CORAUX ...
À GAUCHE ? ... À DROITE ? ... DÉCIDEZ-VOUS, LES GARS !
EN TOUT CAS, PAS TOUT DROIT, SERGE ! ... OU TU NOUS EMBROCHES SUR LES CORNES-D'ÉLANS ...
À GAUCHE ! ... EUH ! ... NON, À DROITE ! ... ON N'Y VOIT RIEN, AU RAS DE L'EAU ! IL FAUT REGARDER PAR-DESSOUS ...
ATTRAPE CETTE ANCRE, BERNARD : ON TE TIRE ! ...
SI TU VOIS QUELQUE CHOSE, LÂCHE TOUT !
LE CHALAND AVANCE DANS LE LABYRINTHE DU CORAIL, EN REMORQUANT LE PLONGEUR ATTENTIF AU MOINDRE INDICE D'ÉPAVE ...

ÇA FAIT PLUS D'UNE HEURE QU'ILS FONT DES RONDS DANS L'EAU, LÀ-BAS !...
ILS NOUS JOUENT "LE GALION FANTÔME" !
LE "PACHA" N'Y CROIT GUÈRE, À CE TRÉSOR !
MAIS CE N'EST PAS SON GENRE DE LAISSER TOMBER... IL EST TÊTU !
VOUS VOYEZ, CLAUDE, CES HISTOIRES DE TRÉSORS, ÇA NE M'EMBALLE PAS... OU BIEN ON NE TROUVE RIEN, ET ON EST DÉÇU... OU BIEN ON TROUVE, ET LES PASSIONS SE DÉCHAÎNENT...
VOS HOMMES Y CROIENT, EUX !... ET ÇA LES AMUSE... ILS VIVENT UN RÊVE D'ENFANCE !...
OUI, JE SAIS : LE COFFRE MAUDIT... LA PIEUVRE GÉANTE !... ÇA N'EXISTE QUE DANS LES BANDES DESSINÉES !...
COMMANDANT !... COMMANDANT !... ILS SONT DESSUS ! ILS ONT LOCALISÉ L'ÉPAVE !
ON VA VOIR !... ON VA VOIR !... PRÉPAREZ-MOI UN ZODIAC, LE TEMPS QUE JE M'ÉQUIPE...
LA NOUVELLE FAIT LE TOUR DE LA CALYPSO COMME UNE TRAÎNÉE DE POUDRE... MÊME LE "PACHA" Y PERD SON FLEGME !...
EN ROUTE VERS LA FORTUNE !...
JE N'Y CROIS TOUJOURS PAS... MAIS J'AVOUE QUE CE SERAIT VRAIMENT EXTRAORDINAIRE !
PIQUONS DROIT SUR EUX, PAUL... JE VOUS INDIQUE LES TÊTES DE CORAIL... ATTENTION !
J'AI DU MAL À ME CONVAINCRE !... LE CORAIL DOIT AVOIR TOUT RECOUVERT DEPUIS LONGTEMPS... CE SERAIT UN FABULEUX COUP DE CHANCE !...
LES VOILÀ, COMMANDANT !... ILS FONT DE GRANDS SIGNES !... ILS SONT TOUT EXCITÉS !
GAËL FAIT DES BONDS DANS LE CHALAND !... IL VA LE COULER !...
DEPUIS LE TEMPS QU'IL EN RÊVE, DE CETTE ÉPAVE !... IL L'AURAIT MÉRITÉE !...

ALORS, GAËL : ÇA Y EST ?... LES LINGOTS ? LES PESOS ?... LA PIEUVRE GÉANTE ?...
LE TRÉSOR, PAS ENCORE : MAIS L'ÉPAVE, OUI !... BERNARD A MIS DANS LE MILLE !
IL Y EST, CE BATEAU !... À 20 MÈTRES, À PEINE !... ON TIENT LE BON BOUT !...
REGARDEZ !... BERNARD REMONTE QUELQUE CHOSE !
ON DIRAIT UNE PIÈCE DE GRÉEMENT... BERNARD EN A TROUVÉ PLUSIEURS DANS LE CORAIL...
JE VEUX VOIR ÇA DE MES YEUX !... JE DESCENDS...
BERNARD, JE VOUS SUIS !... VOUS AUTRES, DU CALME : IL DOIT Y AVOIR PLUS D'UNE ÉPAVE SUR CE RÉCIF !
UNE FAILLE DANS LE CORAIL !... ÇA COLLERAIT AVEC LE RÉCIT DE PHIPS...
AU FOND, DANS LE FOUILLIS D'ÉPONGES, DE GORGONES ET DE CORAUX, RIEN N'INDIQUE LA PRÉSENCE D'UNE ÉPAVE.
LE "PACHA" EN RESTE BABA ! ... ET IL N'A PAS VU LE MEILLEUR !... ALLONS-Y...
QUEL COUP D'ŒIL, CE BERNARD !... C'EST UN CANON !... PRESQUE INVISIBLE... INCRUSTÉ D'ANIMAUX MARINS...
DANS CETTE FISSURE...
OH !... DES CHAUDRONS !... COMME CEUX QU'UTILISAIENT LES ESPAGNOLS !
... SOUDÉS DANS LE CORAIL... IMPOSSIBLE DE LES BOUGER... AVEC NOS COUTEAUX, PEUT-ÊTRE...

LES ONDES DE CHOC DES POIGNARDS SUR LE MÉTAL ATTIRENT CERTAINS PRÉDATEURS...
ILS SE RAPPROCHENT!... LES REFLETS DE NOS LAMES LES EXCITENT...
LES BARRACUDAS... PUISSANTS ET VORACES ... DES NAGEURS RAPIDES AUX SENS AIGUISÉS...
EN VOILÀ DES DIZAINES!... ILS DÉVORENT DES SARDINES... ÇA VAUT MIEUX QUE NOS DOIGTS!
QUEL CARNAGE!
ALLEZ-Y!... SUIVEZ LES SARDINES!... OU-BLIEZ-NOUS!
LES BARRACUDAS, OU BÉCUNES, CHASSENT EN MEUTES ET MÉRITENT LEUR SURNOM DE "LOUPS DE MER". ILS DÉPASSENT PARFOIS 2 MÈTRES, ET SONT ARMÉS DE DENTS COUPANTES COMME DES RASOIRS.
ILS SONT ENCORE LÀ... ET IL NOUS RESTE 7 MINUTES DE PALIER À 3 MÈ-TRES!
ALORS, COMMANDANT: C'EST NOTRE GALION?... LE GALION DE L'OR?... LA NUESTRA SEÑORA?...
MOUAIS... À VÉRIFIER, TOUT ÇA!... JE VOUS EN PARLERAI TOUT À L'HEURE, À BORD.
PAUL, FAIS-NOUS GRIMPER: BARRACUDAS, LÀ-DESSOUS!

SUR LA CALYPSO...
ILS ARRIVENT !... ILS VONT AVOIR BESOIN DE NOUS POUR DÉBARQUER...
TU PARLES !... LES LINGOTS D'OR, ÇA PÈSE !... JE VIENS TOUT DE SUITE...
ALORS ?... RACONTEZ, COMMANDANT !
VOUS AVEZ VU L'ÉPAVE ?... ELLE EST DANS QUEL ÉTAT ?
DANS LE CORAIL, AVEC DES BARRACUDAS AUTOUR... ON A TROUVÉ UN CANON ET QUELQUES BRICOLES...
TOUT CELA POURRAIT AVOIR APPARTENU À UN GALION DU XVIIe SIÈCLE... VOICI UNE PIÈCE DE GRÉEMENT... OU UNE BRINQUEBALLE DE POMPE...
DIFFICILE À DIRE... IL FAUDRAIT NETTOYER... EN TOUT CAS, C'EST ANCIEN...
EH BIEN, COMMANDANT, C'EST DÉCIDÉ ?... ON FOUILLE ?
IL NOUS RESTE À PRENDRE UNE DÉCISION IMPORTANTE...
LE SOIR AU CARRÉ...
QUI N'A PAS VOTÉ ?... GAËL ?... BERNARD ?...
J'EN VOIS QUI ESSAYENT DE FRAUDER !... CUISTOT, SURVEILLE MIEUX TON URNE !
JE NE FAIS PAS PARTIE DE L'ÉQUIPE D'HABITUDE... MAIS JE TIENS À FAIRE CONNAÎTRE MON AVIS, MOI AUSSI !...
A VOUS L'HONNEUR, COMMANDANT !
MERCI... JE VAIS PROCÉDER AU DÉPOUILLEMENT. LA QUESTION ÉTAIT DE SAVOIR SI L'OR QUE NOUS TROUVERONS...
... PEUT-ÊTRE... SERVIRA, OUI OU NON, À FINANCER DE FUTURES MISSIONS DE LA CALYPSO... OUI... OUI... OUI... RIEN QUE DES OUI !... JE VOUS REMERCIE TOUS... JE SUIS TRÈS ÉMU...
AU COMMANDANT COUSTEAU !
AUX NOUVELLES AVENTURES DE LA CALYPSO !
MES AMIS, JE DÉCLARE OUVERTE NOTRE CAMPAGNE DE FOUILLES...
AU GALION ENGLOUTI !... A L'OR DES INCAS !...
AUX AVENTURIERS ! ...HIP ! HIP ! HIP !...

UN MOMENT TENTÉS PAR LE MIRAGE DE L'OR, LES HOMMES DE LA CALYPSO ONT OPTÉ NON PAS POUR LA SAGESSE, MAIS POUR L'AVENTURE - LA VRAIE, CELLE DE LA SCIENCE ,,, ET C'EST AINSI QUE ,,,
BIEN OBLIGÉ DE SACRIFIER QUELQUES CORAUX POUR QUE ÇA PASSE ,,, VA VOIR !,,,
WAOOH!!,,, TU N'AS PAS PLEURÉ LA DYNAMITE!
LA BRÈCHE OUVERTE PERMET À LA CALYPSO DE PÉNÉTRER AU CŒUR DU RÉCIF,,,
CALYPSO!,,, CALYPSO!,,, LA VOIE EST LIBRE ,,, ALLEZ-Y!,,,
ATTENTION, LES GARS !,,, RESTEZ BIEN AU CENTRE DU CHENAL BALISÉ !,,,
BIEN COMPRIS!,,, EN AVANT, LENTE!,,, PASSERELLE : GROS ÉCUEIL À BÂBORD!,,,
S'IL Y A UNE CHOSE QUI ME RÉPUGNE, C'EST BIEN DE FAIRE SAUTER DU CORAIL,,, MÊME POUR UNE ÉPAVE !,,,
BAH!,,, N'Y PENSEZ PLUS,,, C'ÉTAIT JUSTE UNE PETITE TÊTE QUI NOUS BARRAIT LA ROUTE,,, ÇA REPOUSSERA VITE!
OUI, EN QUELQUES SIÈCLES! ,,, ET VOUS NE PENSEZ PAS AUX CENTAINES DE POISSONS OU DE COQUILLAGES QUE NOUS AVONS TUÉS,,,
VOYEZ, NOUS TOUCHONS AU BUT!,,, D'APRÈS LE RELEVÉ DES PLONGEURS, IL NOUS RESTE À FAIRE 600 MÈTRES DE SLALOM SUR LE RÉCIF POUR MOUILLER SUR LE CANON !,,,
CANONS
ÉPAVE?
ET VOILÀ !,,, NOUS Y SOMMES!,,, IL N'Y A PLUS QU'À PLONGER, MAINTENANT,,,
ASSURONS D'ABORD NOS MOUILLAGES, GAËL, SINON, EN CAS DE GRAIN, L'ÉPAVE C'EST NOUS!

APRÈS AVOIR PRÉPARÉ LES PLONGÉES DU LENDEMAIN, LES HOMMES DE LA CALYPSO S'ÉCROULENT SUR LEUR COUCHETTE... MAIS À L'AVANT...
EH! GAËL, QU'EST-CE QUE TU FAIS?... OÙ VAS-TU?...
EXCUSE-MOI, SERGE, JE T'AI RÉVEILLÉ!... CE N'EST RIEN...
TU ES MALADE?... TU VEUX DE L'AIDE?
NON!... NON! RESTE... SEULEMENT UN PEU DE MAL DE MER... JE VAIS PRENDRE L'AIR...
ENFIN SEUL... TOUT LE MONDE DORT... PARFAIT!... EH! EH!...
VOYONS... LES PROJECTEURS?... VOILÀ... MAINTENANT UN BLOC-BOUTEILLES GONFLÉ!...
ET HOP!... C'EST LOURD, CE BARDA... MAIS JE SERAI LE PREMIER!
ZUT!... DU BRUIT... J'AI DÛ RÉVEILLER QUELQU'UN!... VITE, À L'EAU, ET À MOI LE TRÉSOR!...
QU'EST-CE QUI SE P...??!
AÏE!... AÏE!... ATTENTION AU VOL PALMÉ!...

A DEMI ASSOMMÉ PAR LE CHOC, GAËL S'ENFONCE DANS L'EAU SOMBRE...
MON ÉPAVE !... MON ÉPAVE !... JE LE SAVAIS... ELLE EST LÀ ! LA NUESTRA SEÑORA DE LA CONCEPCIÓN !!...
COUCHÉS DANS LEUR LIT DE CORAIL, LES VESTIGES DU GALION ENGLOUTI SE DÉPLOIENT DEVANT LES YEUX HALLUCINÉS DU PLONGEUR QUI UN INSTANT PLUS TARD, S'INTRODUIT DANS LA CARCASSE DÉLABRÉE...
MON DIEU ! ...LA CHAMBRE FORTE !... LE COFFRE !!
MAIS DANS L'ÉPAVE, UN ŒIL CRUEL L'OBSERVE...
OH !!... DE L'OR... DE L'ARGENT... DES PIERRES PRÉCIEUSES ...LE TRÉSOR DU BANC D'ARGENT !...

SOUDAIN, LE RÊVE TOURNE AU CAUCHEMAR... UN TENTACULE ÉTRANGLE GAËL, QUI SE DÉBAT DÉSESPÉRÉMENT POUR RÉCUPÉRER SON EMBOUT... MAIS L'EAU ENVAHIT SES POUMONS...
A MOI !... A L'AIDE !... VITE, CALYPSO, VITE !...
QUOI ?... QUI EST-CE QUI CRIE COMME ÇA ?
ALERTE !... DEUX HOMMES À LA MER !... SERGE ET...
TIENS BON, SERGE !... J'ARRIVE !...
DÉPÊCHEZ-VOUS !... JE N'EN PEUX PLUS !...
MAIS QU'EST-CE QUI S'EST PASSÉ ?
LE TRÉSOR ! LE TRÉSOR !... LÀ !... LÀ !...
IL EST COMPLÈTEMENT SONNÉ !... IL NE SAIT PLUS CE QU'IL RACONTE !...
EH BIEN, GAËL ! ÇA VA MIEUX ?... ALORS ?... ON JOUE LES SOLITAIRES ?...
JE SUIS DÉSOLÉ, COMMANDANT : JE VOULAIS JUSTE ÊTRE LE PREMIER EN BAS... COMME ÇA... C'EST STUPIDE... JE ME SUIS ASSOMMÉ AVEC MES BOUTEILLES...
HEUREUSEMENT QUE SERGE ÉTAIT LÀ !... ÇA POUVAIT FINIR TRÈS MAL...
JE L'AI SUIVI... JE L'AI VU TOMBER À L'EAU EN CRIANT... J'AI SAUTÉ DERRIÈRE LUI...
BRAVO, SERGE !... ET POUR VOUS, GAËL, AUJOURD'HUI, REPOS OBLIGATOIRE !...

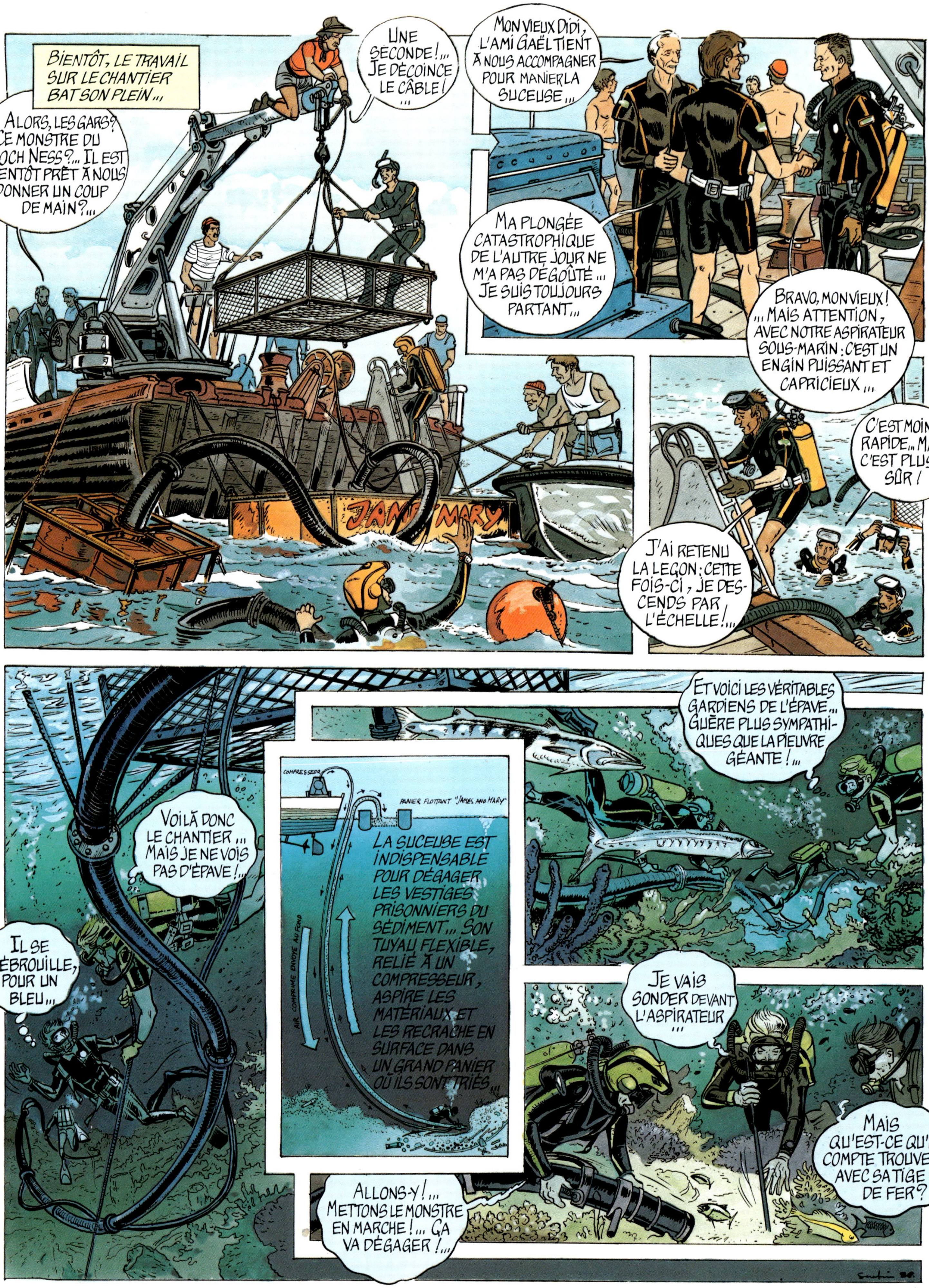
BIENTÔT, LE TRAVAIL SUR LE CHANTIER BAT SON PLEIN...
ALORS, LES GARS? ...CE MONSTRE DU LOCH NESS?... IL EST BIENTÔT PRÊT À NOUS DONNER UN COUP DE MAIN?...
UNE SECONDE!... JE DÉCOINCE LE CÂBLE!...
JAMES AND MARY
MON VIEUX DIDI, L'AMI GAËL TIENT À NOUS ACCOMPAGNER POUR MANIER LA SUCEUSE...
MA PLONGÉE CATASTROPHIQUE DE L'AUTRE JOUR NE M'A PAS DÉGOÛTÉ... JE SUIS TOUJOURS PARTANT...
BRAVO, MON VIEUX! ...MAIS ATTENTION, AVEC NOTRE ASPIRATEUR SOUS-MARIN: C'EST UN ENGIN PUISSANT ET CAPRICIEUX...
C'EST MOINS RAPIDE... MAIS C'EST PLUS SÛR!
J'AI RETENU LA LEÇON: CETTE FOIS-CI, JE DESCENDS PAR L'ÉCHELLE!...
VOILÀ DONC LE CHANTIER... MAIS JE NE VOIS PAS D'ÉPAVE!...
IL SE DÉBROUILLE, POUR UN BLEU...
COMPRESSEUR
PANIER FLOTTANT "JAMES AND MARY"
AIR COMPRIMÉ ENVOYÉ AU FOND
LA SUCEUSE EST INDISPENSABLE POUR DÉGAGER LES VESTIGES PRISONNIERS DU SÉDIMENT... SON TUYAU FLEXIBLE, RELIÉ À UN COMPRESSEUR, ASPIRE LES MATÉRIAUX ET LES RECRACHE EN SURFACE DANS UN GRAND PANIER OÙ ILS SONT TRIÉS...
ET VOICI LES VÉRITABLES GARDIENS DE L'ÉPAVE... GUÈRE PLUS SYMPATHIQUES QUE LA PIEUVRE GÉANTE!...
JE VAIS SONDER DEVANT L'ASPIRATEUR...
MAIS QU'EST-CE QU'IL COMPTE TROUVER AVEC SA TIGE DE FER?
ALLONS-Y!... METTONS LE MONSTRE EN MARCHE!... ÇA VA DÉGAGER!...

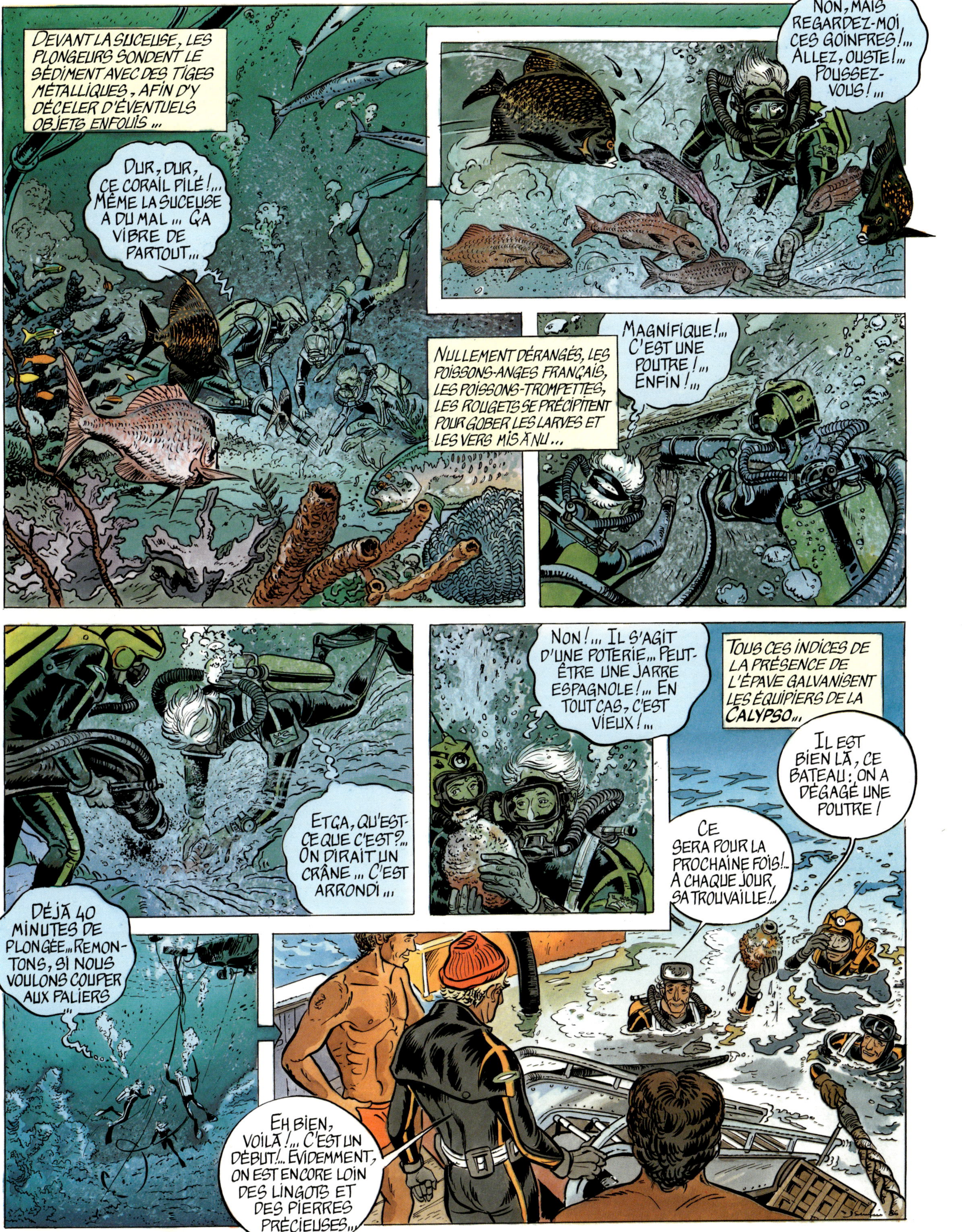
DEVANT LA SUCEUSE, LES PLONGEURS SONDENT LE SÉDIMENT AVEC DES TIGES MÉTALLIQUES, AFIN D'Y DÉCELER D'ÉVENTUELS OBJETS ENFOUIS ...
DUR, DUR, CE CORAIL PILÉ !... MÊME LA SUCEUSE A DU MAL ... ÇA VIBRE DE PARTOUT...
NON, MAIS REGARDEZ-MOI CES GOINFRES !... ALLEZ, OUSTE !... POUSSEZ-VOUS !...
NULLEMENT DÉRANGÉS, LES POISSONS-ANGES FRANÇAIS, LES POISSONS-TROMPETTES, LES ROUGETS SE PRÉCIPITENT POUR GOBER LES LARVES ET LES VERS MIS À NU ...
MAGNIFIQUE !... C'EST UNE POUTRE !... ENFIN !...
ET ÇA, QU'EST-CE QUE C'EST ?... ON DIRAIT UN CRÂNE ... C'EST ARRONDI ...
NON !... IL S'AGIT D'UNE POTERIE... PEUT-ÊTRE UNE JARRE ESPAGNOLE !... EN TOUT CAS, C'EST VIEUX !...
TOUS CES INDICES DE LA PRÉSENCE DE L'ÉPAVE GALVANISENT LES ÉQUIPIERS DE LA CALYPSO...
IL EST BIEN LÀ, CE BATEAU : ON A DÉGAGÉ UNE POUTRE !
CE SERA POUR LA PROCHAINE FOIS !... À CHAQUE JOUR, SA TROUVAILLE !...
DÉJÀ 40 MINUTES DE PLONGÉE... REMONTONS, SI NOUS VOULONS COUPER AUX PALIERS
EH BIEN, VOILÀ !... C'EST UN DÉBUT !... ÉVIDEMMENT, ON EST ENCORE LOIN DES LINGOTS ET DES PIERRES PRÉCIEUSES...

LES HOMMES TRIENT LES DÉBRIS QUE LA SUCEUSE CRACHE DANS LE PANIER ...
QUELQUE CHOSE D'INTÉRESSANT, DANS VOTRE POUBELLE, LES GARS?
PEUT-ÊTRE... AH! ZUT, LE TUYAU SE BOUCHE !... SÛREMENT UN GROS BLOC...
C'EST REPARTI... LE CAILLOU A SAUTÉ !... TIENS, QU'EST-CE QUE C'EST QUE ÇA?... DES PIÈCES D'OR?... MAIS NON... RIEN QUE DU GRAVIER JAUNE !...
À RAISON DE 12 HEURES PAR JOUR, QUATRE ÉQUIPES DE TROIS PLONGEURS SE RELAIENT SUR LE CHANTIER SOUS-MARIN, DÉBLAYANT LES ROCHES ET MANIANT LA SUCEUSE ...
ILS REMONTENT DE PLEINS PANIERS DE BOULETS, D'ARMES ROUILLÉES, DE PIÈCES DE GRÉEMENT, DE CLOUS, DE BOUTEILLES ET DE VAISSELLE ... MAIS NI OR NI ARGENT NI ÉMERAUDES !...
DE LA FERRAILLE !... ENCORE ET TOUJOURS DE LA FERRAILLE ! ...
SURTOUT QUAND ON LE CONSOMME À LA PELLE !...
LE FER?... RIEN DE MIEUX POUR LA SANTÉ !...
BON !... IL EST MINUIT !... ON POURRAIT PEUT-ÊTRE ALLER SE REPOSER?...
PAS QUESTION !... LA CHASSE AU TRÉSOR EST UN BAGNE LIBREMENT CONSENTI !...
ET IL NOUS RESTE UNE PETITE TONNE DE CORAIL À TRIER, LÀ...

VOUS AVEZ TROUVÉ QUELQUE CHOSE ?... UN DOUBLON D'OR ?
NON, PAS UN DOUBLON... UNE MÉDAILLE... EN OR, OUI... ON DIRAIT UNE EFFIGIE DE SAINT ANTOINE...
SAINT ANTOINE ? ... CELUI QU'ON INVOQUE POUR RETROUVER LES OBJETS PERDUS ?
MAGNIFIQUE !... C'EST UN SIGNE DU DESTIN !... UN BON PRÉSAGE !
IL FAUDRAIT LA DÉCAPER SOIGNEUSEMENT, CETTE MÉDAILLE... Y CHERCHER UNE DATE...
JE VOUS LA CONFIE, DIDI, ALLEZ-Y !...
JE SUIS VANNÉ !... UN COUP D'ŒIL AU PLAN DE FOUILLES, ET AU LIT !...
FAITES DE BEAUX RÊVES !... NOUS AUTRES, ON CONTINUE !...
EH BIEN, C'EST FORMIDABLE, NON ?! ... ON TOUCHE AU BUT !...
PAS SI SÛR, GAËL !... NOUS N'AVONS AUCUNE PREUVE QUE CE SOIT LE BON GALION !...
chargement
lest
50 ans
naufrage
200 ans
100 ans
houle
actuellement
l'epave repose sous un tumulus de corail
EN TROIS SIÈCLES, LES TEMPÊTES ET LES COURANTS ONT DÛ RÉDUIRE L'ÉPAVE EN MIETTES...
ET LE CORAIL, EN POUSSANT D'UN CENTIMÈTRE PAR AN, L'A RECOUVERTE DE 3 MÈTRES DE CALCAIRE...
D'APRÈS NOTRE PLAN DE FOUILLES, LES OBJETS NE SONT QUAND MÊME PAS DISTRIBUÉS AU HASARD...
... ET IL SEMBLE BIEN QUE, JUSQU'ICI, NOUS AYONS SURTOUT CREUSÉ À L'AVANT...
PLAN DE FOUILLE DE L'EPAVE
position supposée de la proue
poteries
canons
boulets
médaille
bouteilles
briques
four
cruches
planches
chaudron
plats
clous
VENT
HOULE
RECIF A FLEUR D'EAU
N
echelle

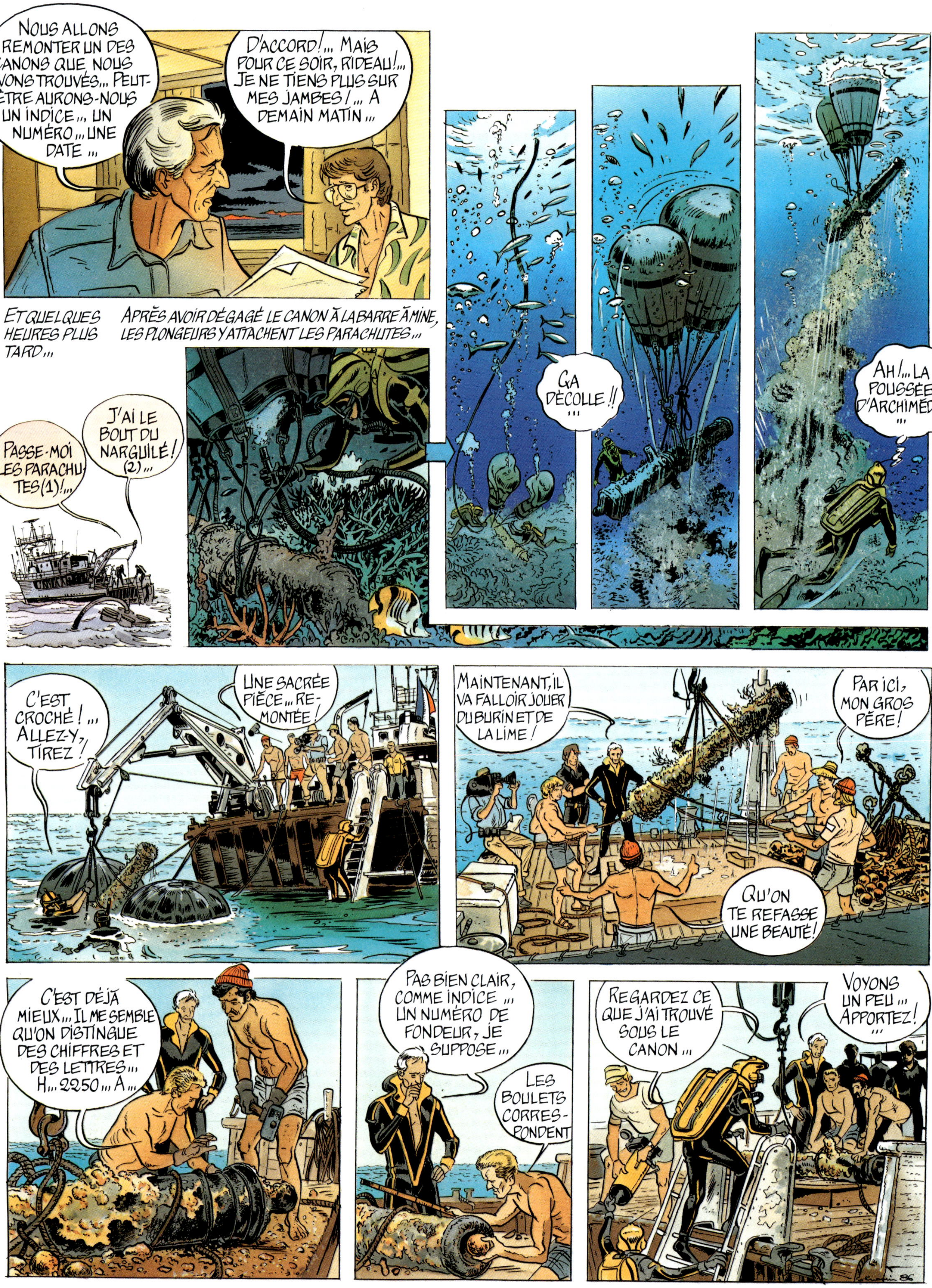

(1) SACS DE PLASTIQUE QUI, GONFLÉS D'AIR, PEUVENT SOULEVER PLUSIEURS TONNES DANS L'EAU.
(2) TUYAU SOUPLE ALIMENTÉ EN AIR COMPRIMÉ DEPUIS LA SURFACE.

C'ÉTAIT DANS LE SABLE... À L'EMPLACEMENT DU CHÂTEAU ARRIÈRE...
ON DIRAIT UN PLOMB DE SONDE... ET DES PIÈCES !...
MAIS C'EST PASSIONNANT, ÇA !...
... SAUF QUE CE NE SONT PAS DES PIÈCES !... PLUTÔT DES SCEAUX DE PLOMB, COMME CEUX QUI FERMAIENT LES BOURSES...
SERGE, S'IL VOUS PLAÎT, DÉCAPEZ LE GROS PLOMB !...
MAIS SÛREMENT !... JE SUIS LE MEILLEUR DES DÉCAPEURS !
BROSSER !... DÉCAPER !... DIRE QUE JE VOULAIS COUPER AUX CORVÉES DE PLONGE !
TOUT ÇA NE ME PARAÎT GUÈRE CONVAINCANT...
MAIS SI, VOUS VERREZ ! ... MOI, J'Y CROIS !
C'EST BEAU, L'OPTIMISME ! ...
DITES-MOI, GAËL, IL A COULÉ QUAND, VOTRE GALION ?
AU MOIS DE NOVEMBRE 1641... POURQUOI ?
ALORS, IL Y A COMME UN DÉFAUT... VENEZ VOIR CES CHIFFRES !...
EFFECTIVEMENT... ON LES DISTINGUE BIEN À LA LOUPE... MDCCLVI... MILLE SEPT CENT CINQUANTE-SIX...
OUI, 1756 !... UN PEU TARDIF, SEMBLE-T-IL...
1756
1756
M·VIIC·VI
AH ! AH ! AH !... C'EST LA MEILLEURE !... IL MANQUE UN SIÈCLE !...
... 1756 !... ÇA NE PEUT PAS ÊTRE LA NUESTRA SEÑORA DE LA CONCEPCIÓN !
EH ! NON, GAËL !... C'EST LA NUESTRA SEÑORA DE LA DECEPCIÓN !!

LE SOIR, SUR LA PLAGE ARRIÈRE...
VOILÀ, MES AMIS, NOTRE CHASSE AU TRÉSOR S'ACHÈVE... EN QUEUE DE POISSON !
ET SI ON CREUSAIT ENCORE UN PEU ?...
NOUS N'AVONS PLUS LE TEMPS, GAËL !... DE TOUTE FAÇON, LES LOIS FRANÇAISES SONT FORMELLES. EN CAS DE DÉCOUVERTE...
... NOUS AURIONS DÛ RENDRE TOUT À L'ÉTAT, OU ALLER EN PRISON !... J'EXAGÈRE À PEINE... ALORS, POINT DE REGRETS !...
LE LENDEMAIN MATIN, LA CALYPSO FAIT PEAU NEUVE.
CE SOIR SMOKING ET NOEUD PAPILLON !... POUR LE DÎNER DE GALA DES MILLIONNAIRES...
OUI !... DES MILLIONNAIRES EN COURBATURES ET EN AMPOULES !...
ALLEZ, HOP !... À LA DOUCHE, TOUT ÇA !... ON LIQUIDE ET ON S'EN VA !
AU GALION ENGLOUTI !!
ON ME DIT QUE VOUS AVEZ COMPOSÉ UNE CHANSON, SERGE ?
OUI... LE TUBE DE L'ANNÉE !... JE VOUS LA DONNE EN PREMIÈRE EXCLUSIVITÉ MONDIALE !...
"I'M A POOR LONESOME DIVER, AND...
PITIÉ !... FAITES-LE TAIRE !... POUR UNE FOIS QU'ON N'A PAS EU DE CYCLONE DANS UNE AVENTURE !...
AH OUI ?... ET QU'EST-CE QUE TU CROIS QUI SE PRÉPARE À L'HORIZON ?...
FIN